Ulf Engel
Regionalismen

D1665948

Dialektik des Globalen. Kernbegriffe

Herausgegeben vom Sonderforschungsbereich 1199 „Verräumlichungsprozesse unter Globalisierungsbedingungen" der Universität Leipzig, dem Leibniz-Institut für Geschichte und Kultur des östlichen Europa und dem Leibniz-Institut für Länderkunde

Band 1

Ulf Engel

Regionalismen

—

DE GRUYTER
OLDENBOURG

Gefördert von der Deutschen Forschungsgemeinschaft

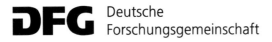

ISBN 978-3-11-058454-7
e-ISBN (PDF) 978-3-11-058717-3
e-ISBN (EPUB) 978-3-11-058491-2

Library of Congress Control Number: 2018941742

Bibliografische Information der Deutschen Nationalbibliothek
Die Deutsche Nationalbibliothek verzeichnet diese Publikation in der Deutschen Nationalbiblio-
grafie; detaillierte bibliografische Daten sind im Internet über http://dnb.dnb.de abrufbar.

Inhalt

1 Einleitung

„Regionen" eignen sich für die Diskussion des analytischen Konzepts des Raumformats – wie es im Zentrum des 2016 gegründeten Leipziger DFG-Sonderforschungsbereichs 1199 „Verräumlichungsprozesse unter Globalisierungsbedingungen"[1] steht – besonders, weil sie in den Souveränitätsstrategien konkreter Akteure seit dem frühen 19. Jahrhundert bereits vielfältigen Ausdruck gefunden haben und seit dem Ende des Kalten Krieges eine bevorzugte Reaktion auf aktuelle Globalisierungsprozesse darzustellen scheinen.[2] „Regionen" werden in fragmentierten Wissensbeständen insbesondere von Politikwissenschaft und Globalgeschichtsschreibung eingehend und kontrovers diskutiert. Der Blick des SFB 1199 auf Regionalisierungsprojekte, oder Regionalismen, und Regionalorganisationen stellt dabei die Raumsemantiken in den Mittelpunkt, derer sich verschiedene staatlichen und nicht-staatliche Akteure im Moment der diskursiven Herstellung und des Sichtbarmachens von Raumordnungen bedienen, die sich dann in Dynamiken niederschlagen, die wir beispielsweise als „europäische Integration", „Pan-Afrikanismus" oder die „neue Seidenstrasse" benennen.

Der hier vorliegende Beitrag soll gleichzeitig einen Überblick zur Diskussion um Regionalorganisationen und Regionalismen geben, und eine Einordnung dieser Diskussion anbieten. Im folgenden Abschnitt soll die Begrifflichkeit des SFB 1199 zum Thema „Raumformat" und „Raumordnung" dargestellt werden. Dabei handelt es sich um meine eigene Interpretation und *work-in-progress*, keinesfalls um ein bereits endgültig ausgehandeltes Begriffsverständnis, über das zu diesem Zeitpunkt bereits ein breiter Konsens existieren würde. Im dritten Abschnitt dieses Textes soll eine kurze Begriffsgeschichte zum Thema „Regionalorganisation" entwickelt werden. Im vierten Abschnitt soll ein – notgedrungen unvollständiger – Überblick zum empirischen Phänomen „Regionalorganisationen" gegeben werden, wie er sich für die Politikwissenschaft für die Zeit nach 1945 darstellt. Im fünften Abschnitt werden die Debatten über Regionen und Regionalorganisationen in gegenwärtigen Globalisierungsprozessen nachgezeichnet.

Für anregende Diskussionen über einen Entwurf dieses Textes danke ich Matthias Middell (Centre for Area Studies, Leipzig), Ursula Rao (Institut für Ethnologie, Leipzig) und Ute Wardenga (Leibniz-Institut für Länderkunde, Leipzig). Alle inhaltlichen Fehler und konzeptionellen Irrungen sind natürlich meine eigenen.

1 Siehe SFB 1199 „Processes of Spatialization under the Global Condition", ULR: <http://research. uni-leipzig.de/~sfb1199/index.php?id=7> (Zugriff: 31. Oktober 2017).
2 Vgl. A. Hurrell, „One World? Many Worlds? The place of regions in the study of international society", *International Affairs* 83 (2007) 1, pp. 127–146.

https://doi.org/10.1515/9783110587173-001

Im sechsten Abschnitt sollen zwei grundlegende politikwissenschaftliche Diskussionen zur Epistemologie und Periodisierung von Regionalismen rekapituliert werden, unter anderem mit Blick auf die in den 1990er Jahren eingeführte Unterscheidung zwischen den „alten" Regionalismen in Europa und den „neuen" Regionalismen im Globalen Süden. Diese Perspektiven werden dann mit dem Forschungsstand in der Globalgeschichtsschreibung konfrontiert.

Vor dem Hintergrund der verschiedenen Debatten wird im siebten Abschnitt des vorliegenden Textes das Wirken von Regionalorganisationen am Beispiel der Afrikanischen Union (AU) in drei zentralen Handlungsdimensionen vertieft: Der Herstellung einer regionalen Raumordnung, der Schaffung distinkter regionaler Politikarchitekturen (hier in den Feldern Frieden und Sicherheit sowie Demokratie und Regierungsführung) und schließlich der Etablierung inter-regionaler Praktiken (hier zwischen der AU auf der einen Seite sowie den Vereinten Nationen bzw. der Europäischen Union auf der anderen). Es folgt eine Zusammenfassung.

2 Raumformate und Raumordnungen

Die raumtheoretische Wende in den Geistes- und Sozialwissenschaften hat einen Konsens befördert, nach dem der Raum nicht einfach gegeben, sondern sozial konstruiert ist – mithin wird von *sozialen Räumen* gesprochen.[1] Diese sozialen Räume bauen meist auf historische Ablagerungen, Sedimentierungen auf; sie können territorialisiert sein, müssen es aber nicht. Soziale Räume existieren in vielfältigen, verschränkten Skalen und werden entsprechend genutzt. Der SFB 1199 versucht, dieses Sprechen weiterzuentwickeln, indem er die Kategorie des *Raumformats* einführt und den in anderen Kontexten bereits gebräuchlichen Begriff der *Raumordnung* als eine daraufhin bezogene Praxis bestimmt. Im Zentrum steht dabei die Signifizierung von Raumimaginationen konkreter Akteure in intersubjektiven Prozessen.

Raumformate sind zuallererst Attribute (Dinge werden von Akteur Y unter Zuhilfenahme einer Raumsemantik als X benannt; wobei einige Akteure in der Begründung von Raumformaten erfolgreicher sind als andere) – Beispiele für Raumformate sind etwa „Imperium", „Warenkette" oder eben „Region". Im SFB 1199 gehen wir, erstens, davon aus, dass die Nutzung von Raumsemantiken nach dem Ende des Kalten Krieges eher zugenommen hat (und fragen natürlich auch nach der Historizität dieser Beobachtung): Diese Zunahme, so lässt sich vermuten, liegt daran, dass die Akteure dieses Raumsprechens ihre eigenen vielfältigen Handlungen noch nicht stabil und eindeutig benennen können und die Benutzung der Raumsemantik wahrscheinlich erheblich dazu beiträgt, sie stabil erscheinen zu lassen. Diese Zunahme semantischer Referenzen auf den Raum bedeutet zweitens, dass auch die Handlungen vielfältiger werden, mehr *scales*, mehr Netzwerke usw. benannt werden (es kann natürlich auch sein, dass lediglich die Bedeutungszuschreibungen zugenommen haben und nicht die empirischen Beobachtungen). Raumformate selbst sind nicht materiell, sie sind keine „sozialen Räume". Sie sind vielmehr die Muster, durch die Akteure aus der Vielfalt unserer

---

1 Generell vgl. H. Lefebvre, *The Production of Space*, London: Blackwell Publishing, 1991 [1974]; E.W. Soja, *Postmodern Geographies: The Reassertion of Space in Critical Social Theory*, London: Verso, 1989; D. Massey, J. Allen and P. Sarre (eds.), *Human Geography Today*, Cambridge, Malden MA: Polity Press, 2005 [1999]; G. Ó'Tuathail and S. Dalby (eds.), *Rethinking Geopolitics*, London, New York: Routledge, 1999; und J. Murdoch, *Post-Structuralist Geography. A Guide to Relational Space*, London, Thousand Oaks, CA: Sage 2006. Für den Versuch einer Typologisierung vgl. B. Jessop, N. Brenner and M. Jones, „Theorizing sociospatial relations", *Environment and Planning D: Society and Space* 26 (2008) 3, pp. 389–401; und als Aktualisierung B. Jessop, „Territory, Politics, Governance and Multispatial Metagovernance", *Territory, Politics, Governance* 4 (2016) 1, pp. 8–32.

https://doi.org/10.1515/9783110587173-002

oftmals unbewussten Verräumlichungsprozesse (alltägliches Reden, Handeln, usw.) jene zu erkennen und zu benennen im Stande sind, die zu einem gegebenen Moment von bestimmten Akteuren für gesellschaftlich relevant gehalten werden. In diesem Sinne sind Raumformate Schablonen, Modelle, Muster oder Vorbilder. Insofern können Raumformate auch Erinnerungen an realweltlich zuvor existierende Raumordnungen darstellen, also etwa die Kalte-Kriegs-Ordnung mit „der Mauer" oder die „Rassenordnung" der Apartheid, aber auch – positiver konnotiert – der „Wiederaufstieg" Indiens oder China zu weltpolitischer Größe (siehe unten).

Der SFB präzisiert, zweitens, den Begriff der Raumordnung, indem die *Praxis des Raumordnens* als Prozess der Sichtbarmachung von „gültigen" Raumformaten und der Herstellung von intersubjektiv geteilten Raumordnungen verstanden wird. Den Raum zu ordnen stellt einen Prozess der kognitiven Wahrnehmung, diskursiven Deutung und sozialen Herstellung/Aushandlung dessen dar, was in der Vergangenheit dann als „sozialer Raum" gedeutet worden ist. Den Raum zu ordnen, oder: zu signifizieren, meint sowohl etwas sichtbar zu machen wie auch mit Bedeutung aufzuladen.[2] Raumformate sind dabei die Linse, durch die ansonsten ja nur metaphorisch existierenden Räume intersubjektiv kommunizierbar werden. Dazu bedarf es verschiedener Entrepreneure der Signifizierung und eines Resonanzpublikums. Und es braucht ferner Instrumente, Medien und Strategien der Signifizierung: reden, symbolisieren, handeln (z. B. durch die Auslösung von Geldflüssen, die Ausübung von Gewalt, usw.). Erfolgreiches Raumordnen ist davon abhängig, dass etwas benannt und institutionalisiert werden kann. Dies wiederum ist daran gebunden, dass es einen Akteur Y gibt, einen Raum-Entrepreneur, der es für wichtig erachtet, zu benennen und zu institutionalisieren (und sich damit gegen konkurrierende Akteure durchsetzen kann). Beim Ordnen von Räumen sind Bedeutungsaufladungen zentral, also Vorstellungen von der „Adäquatheit", „Relevanz" und „Angemessenheit" bestimmter Raumformate (*nota bene* produzieren erfolgreiche Raumordnungen wiederum Raumformate).

Ein aktuelles Beispiel für diesen Zusammenhang, auch wenn es keine konkrete Regionalorganisation betrifft, ist die „Ein Gürtel, eine Straße"-Vision eines *open regionalism* (die „neue Seidenstraße"), wie ihn die Regierung der VR China mit Nachdruck verfolgt.[3] Hier wird seit 2013 mit erheblichem finanziellen, han-

---

2 Als „sensitizing concept" spielte der Begriff der Signifizierung eine zentrale Rolle in dem von den Universitäten Halle bzw. Leipzig koordinierten DFG-Schwerpunktprogramm 1448 „Adaptation and Creativity: Technologies and Significations in the Production of Order and Disorder". ULR: <http://www.spp1448.de> (Zugriff: 31. Oktober 2017).
3 Siehe „Belt and Road Initiative", *South China Morning Post* (o.D.). ULR: <http://www.scmp.com/topics/belt-and-road-initiative> (Zugriff: 31. Oktober 2017).

delspolitischen und geostrategischen Einsatz eine globale Erinnerung an ein Raumformat (die „alte Seidenstraße") evoziert, die eine Großregion zwischen China und Europa entstehen lassen und eine neue Phase einer von China kontrollierten Globalisierung einläuten soll.

Die derart hergestellten Raumordnungen „sprechen" aber möglicherweise nicht zu jedem; Akteure sehen / lesen / erleben / übersetzen / verstehen Raumordnungen (oder eben auch nicht). Raumordnungen sind replizierbar, politisierbar, lassen sich mit Bedeutung aufladen; sie können hierarchisiert werden; und sie mögen zwar temporär sein, weisen sich zumeist allerdings durch eine Langlebigkeit aus. Raumordnungen produzieren hierarchische oder nichthierarchische Beziehungen zwischen Raumformaten und ermöglichen bzw. bilden damit den sehr wirksamen Rahmen für die Sinnzuschreibung an bestimmte Raumformate. Dies schließt auch die Möglichkeit ein, dass sich die Bedeutung von Raumformaten innerhalb einer Raumordnung ändern kann. Entsprechende Sinnzuschreibungen begründen, warum sich bestimmte Raumformate gegenüber anderen durchsetzen können. Bezogen auf Regionalismen und Regionalorganisationen kann zunächst einmal beobachtet werden, dass Regionen immer wieder durch Reden oder Handeln vermessen werden und, im Erfolgsfall, einen Bedarf nach politischer Organisation wecken. Die Frage ist also, warum (und für wen) das Regionale in den letzten 25 Jahren wichtiger geworden ist.

3 Begriffsgeschichte „Regionalorganisationen"

Im folgenden Abschnitt soll eine kurze Begriffsgeschichte der „Regionalorganisationen" und ihrer Ungleichzeitigkeit entwickelt werden. Mit dem Aufstieg – und dem trotz Finanz-, Flüchtlings- und Identitätskrise sowie Brexit bislang nur prognostizierten Fall – der Europäischen Union (EU) sind Regionalorganisationen im kollektiven Bewusstsein des Globalen Nordens seit den 1950er Jahren fest verankert. Die Aufmerksamkeit für regionale Identitäts- und Integrationsprozesse auch im Globalen Süden datiert demgegenüber eher auf die Jahre nach dem Ende des Kalten Krieges. Die akademische Debatte zu diesen als Regionalismen bezeichneten Phänomenen ist von der Annahme geprägt, dass deren Zahl weltweit seit 1989/1990 deutlich zugenommen habe.[1] Ob diese Wahrnehmung primär eher einer terminologischen Unsicherheit oder einer tatsächlichen Zunahme von Regionalismen entspringt, ist offen.

Dabei können empirische Beobachtungen über Regionalismen und deren Signifizierung erheblich auseinanderfallen, wie sich an einer kurzen Analyse des zeitlichen Auftretens von Raumbegriffen einerseits und ihrer akademischen Interpretation andererseits zeigen lässt. Ausweislich des *Google Ngram Viewer*, mit dem die von Google eingescannten über fünf Millionen Bücher (Monographien und Sammelbände) hinsichtlich der Häufigkeit des Gebrauchs bestimmter Begriffe ausgewertet werden können (momentan für den Zeitraum 1800 bis 2008), beginnt die Benennung einer „internationale Organisation" genannten Beobachtung in den 1850er Jahren.[2] Je nach Sprachauswahl und Google-Korpus – Englisch, britisches bzw. amerikanisches Englisch (beide 2009), Deutsch oder Französisch – weichen die Befunde leicht voneinander ab. Während die Begriffskombination „internationale Organisation" in französisch- und englischsprachigen Büchern bereits um 1850 gebraucht wird, taucht sie in Büchern, die in amerikanischem Englisch verfasst sind, erstmals um das Jahr 1868 auf, und in deutschsprachigen Büchern erstmals um 1910. Ihren Höhepunkt erreicht die Verwendung des Begriffs „internationale Organisation" in allen vier Wissenschaftssprachen um das Jahr 1960, um sich danach in etwa auf dem Häufigkeitsniveau der 1930er Jahre einzupegeln.

Der Begriff der „Regionalorganisation" dagegen taucht erst deutlich später, nämlich in der ersten Dekade des 20. Jahrhunderts und verstärkt mit dem Ende

---

1 E.D. Mansfield and H.V. Milner, „The New Wave of Regionalism", *International Organization* 53 (1999) 3, pp. 589–627.
2 Hier und im folgenden Google Ngram Viewer 2017. „International Organisation", „Regional Organisation" usw. ULR: <https://books.google.com/ngrams/....> (Zugriff: 31. Oktober 2017).

https://doi.org/10.1515/9783110587173-003

des Ersten Weltkrieges auf. Semantisch sind also zwei Phasen auszumachen: ein Zeitraum, der ca. 1860 beginnt, in dem über „internationale Organisationen" geschrieben wird, und ein kürzerer Zeitraum ab ca. 1910, in dem das Nachdenken auch „Regionalorganisationen" gilt. Dies sagt allerdings noch nichts darüber aus, ob es nicht auch schon vor 1910 Regionalorganisationen gegeben hat.

Die Deutungshoheit darüber, was eine Regionalorganisation bzw. internationale Organisation ist und ab wann sich diese Raumformate historisch beobachten lassen, war für viele Jahre eine Domäne der Politikwissenschaft, die nach dem Ende des Zweiten Weltkrieges zum dominanten Deutungsakteur dieser Begriffe aufstieg. Danach beginnt die Geschichte der internationalen Organisationen traditionell mit dem am 10. Januar 1920 gegründeten intergouvernementalen Völkerbund[3] – Regionalorganisationen dagegen hätten die Weltbühne erst nach dem Ende des Zweiten Krieges betreten. Wobei den internationalen Organisationen durchaus eine Vorgeschichte zugestanden wird, die zuweilen bis zum Wiener Kongress von 1814/1815 zurückgehend erzählt wird. Zwar unterscheiden Politologen zwischen *international government organizations* (IGOs) und *international non-governmental organizations* (INGOs), ein Großteil der einschlägigen Literatur ist indes auf eine staatszentristische Perspektive verkürzt und blendet z. B. Netzwerke, Firmen, Bewegungen usw. weitestgehend aus. Üblicherweise werden IGOs entlang ihrer Mitgliedschaft als universell (alle souveränen Staaten), global (weltweit), regional (regionale Nähe), multilateral bzw. bilateral klassifiziert.[4]

Gegen diese politologische Mehrheitsmeinung ist in zwei akademischen Feldern Widerspruch entwickelt worden, die vor allem in den 1990er Jahren einen Auftrieb erlebten: den Urban Studies und der Globalgeschichtsschreibung. Erstere benutzen die Begriffe Region und Regionalisierung auch auf der sub-staatlichen Ebene und haben entsprechend auch andere Akteurstypen als relevant erkannt, und letztere stellen die Periodisierung der Politikwissenschaft zum Thema internationale Organisationen in Frage (wobei sie auch Interesse an Akteuren zeigen, die nicht dem in der Politikwissenschaft imaginierten „Westfälischen Nationalstaat" entsprechen – sei es z. B. Imperien oder Netzwerke). Für den hier vorliegenden Beitrag ist insbesondere die Perspektive der Globalgeschichtsschreibung interessant, weil sie den Zeitraum zwischen 1815 und 1945 unter dem

---

3 D. Armstrong et al., *International Organisation in World Politics*, 3rd ed., Houndmills: Palgrave Macmillan, (2004) [1982]; und V. Rittberger and B. Zangl, *International Organization. Polity, Politics and Policies*. Houndmills: Palgrave Macmillan, 2006 (dt. Erstausgabe 1994).
4 D. Armstrong et al., *International Organisation*, p. 8. Eine Ausnahme von diesem Typus der Region stellt die Comunidade dos Países de Língua Portuguesa (CPLP) dar, die Organisation ehemaliger Kolonien Portugals, deren Kernmitglieder tatsächlich keine gemeinsamen Grenzen aufweisen.

Begriff „internationale Organisationen" detailliert untersucht. Der niederländische Historiker Bob Reinalda (* 1947) beispielsweise integriert den Wiener Kongress, durch den die politische Landkarte Europas nach der Niederlage Napoleons neu geordnet worden ist, gleichberechtigt etwa mit den Vereinten Nationen in eine Globalgeschichte der internationalen Organisationen, zu deren Frühgeschichte dann auch die Zentralkommission für die Rheinschifffahrt (1816) oder der Deutsche Zollverein (1834–1871) gehören.[5] Im Gegensatz zum Gebrauch des Begriffs „internationale Organisation" stellen die Begriffe der Region, des Regionalismus oder der Regionalorganisation in globalgeschichtlichen Debatten allerdings keine analytische Kategorie dar: In den zwölf Jahrgängen des *Journal of Global History* ist bislang lediglich ein einziger Artikel zu diesem Themenkreis erschienen![6] In den Rezensionsspalten des Journals ist nicht ein Buch besprochen, in dem diese Begrifflichkeit im Zentrum stehen würde.

---

[5] B. Reinalda, *Routledge History of International Organizations. From 1815 to the Present Day.* London, New York: Routledge, 2009; und ders. (ed.), *Routledge Handbook of International Organizations.* London, New York: Routledge, 2013.

[6] Vgl. *Journal of Global History*, 2006–2017 (Cambridge: Cambridge University Press). Für die eine Ausnahme siehe M. Winkler „Another America: Russian mental discoveries of the North-west Pacific region in the eighteenth and early nineteenth centuries", *Journal of Global Studies* 7 (2012) 1, pp. 27–51. Ähnliches gilt auch für die gegenwartsbezogene Zeitschrift *Globalizations* 2004–2017 (Abingdon: Taylor & Francis), deren Autoren lediglich etwas häufiger zur Kategorie „Region" greifen.

4 Regionalorganisationen heute

Der folgende Abschnitt bietet einen Überblick zu den aktuellen Erscheinungs-formen von Regionalorganisationen an. Die Gesamtzahl aller heute existierenden Regionalorganisationen ist schwer abzuschätzen, da es sich um ein sehr dyna-misches Feld handelt, über das nur wenige Institutionen regelmäßig einen Überblick geben. Hier reicht das Spektrum vom Anspruch auf empirische Voll-ständigkeit zur Beschränkung auf, wie auch immer definierte, politische Rele-vanz. Auf der einen Seite dieses Spektrums findet sich das von der Union of In-ternational Associations herausgegebene „Jahrbuch für internationale Organisationen", das naturgemäß deutlich über Regionalorganisationen hin-ausreicht. Dort sind detaillierte Informationen zu 37.000 aktiven und weiteren 32.000 „ruhenden" internationalen Organisationen in 300 Staaten und Gebieten aufgeführt, einschließlich intergouvernementaler Organisationen (IGOs) und in-ternationaler Nichtregierungsorganisationen (INGOs). Jedes Jahr werden dem Jahrbuch weitere 1.200 neue Organisationen hinzugefügt.[1] Am anderen Ende des Spektrums steht der jährliche Bericht des UN-Generalsekretärs über die Zusam-menarbeit zwischen den Vereinten Nationen und Regionalorganisationen: Hier werden lediglich 26 „wichtige" Regionalorganisationen genannt, die sich aktiv an der Arbeit der Vereinten Nationen beteiligen – von der Afrikanischen Union bis zur Organisation für das Verbot chemischer Waffen.[2] Zwischen diesen beiden Positionen zählt das *Europa Directory* neben den Vereinten Nationen und fünf ihrer regionalen Kommissionen 15 weitere UN-Organisationen sowie 18 speziali-sierte UN-Behörden. Hinzu kommen 65 „wichtige" internationale Organisationen außerhalb der UN und eine Vielzahl anderer internationaler Organisationen.[3]

Um einen Eindruck von der regionalen Verankerung und funktionalen Breite heutiger Regionalorganisationen zu bekommen, soll der Blick kurz auf einige Weltregionen gerichtet werden: In Europa reicht das Feld von der 1957 gegrün-deten Europäischen Wirtschaftsgemeinschaft (EWG), die später zur politischen Europäischen Union (EU, 1993) weiter entwickelt wurde, über die Europäische Freihandelsassoziation (engl. EFTA, 1960), die Europäische Patentorganisation

---

1 Siehe ULR: <http://www.uia.org/yearbook> (Zugriff: 31. Oktober 2017). Das Jahrbuch wird von Brill herausgegeben und die Einträge werden angeblich alle sechs bis acht Wochen aktualisiert (Leiden, Boston MA: Brill Academic Publishers).
2 UN Secretary-General, *Cooperation Between the United Nations and Regional and Other Orga-nizations* (= A/71/160 und S/2016/621), New York: United Nations, 2016.
3 Europa Publications, *The Europa Directory of International Organizations*, London: Europa Publications, 1999.

https://doi.org/10.1515/9783110587173-004

(EPO, 1977), die Europäischen Wissenschaftsstiftung (engl. ESF, 1974) bis zur Europäischen Weltraumorganisation (engl. ESA, 1975) bzw. die Organisation für Sicherheit und Zusammenarbeit in Europa (OSZE, 1975). Unterhalb dieser Ebene haben sich Untergruppen von EU-Mitgliedern zusammengefunden, wie etwa im Finanzbereich die Nordic Investment Bank (NIB, 1976) oder die politische und kulturelle Allianz der Visegrád Gruppe (V4, 1991) mit ihren mitteleuropäischen Mitgliedern Polen, Tschechien, Slowakei und Ungarn. Zu den prominenten transatlantischen Regionalorganisationen zählen selbstverständlich das Nordatlantische Verteidigungsbündnis NATO (1949) und die South Atlantic Peace and Cooperation Zone (ZPCAS, 1986).

Was die Diskussion der vergangenen gut 20 Jahre aber vor allem beschäftigt hat, ist die Wiederbelebung von bereits existierenden oder, häufiger noch, die Gründung von neuen Regionalorganisationen im Globalen Süden – wobei einige Akademiker behaupten, dass diese Dynamik ihren Zenit bereits wieder überschritten habe.[4] Auf dem afrikanischen Kontinent betrifft dies neben der AU (die 2001 die 1963 gegründete Organisationen der Afrikanischen Einheit, OAU, abgelöst hat) vor allem die acht als offizielle Partnerorganisationen der AU anerkannten regionalen Wirtschaftsgemeinschaften (engl. regional economic communities, RECs): die Communauté des Etats Sahélo-Sahariens (CEN-SAD, 1998), der Common Market for Eastern and Southern Africa (COMESA, 1994), die East African Community (EAC, 1967–1977, wiederbelebt im Jahr 2000), die Communauté Economique des États de l'Afrique Centrale (CEEAC, 1981), die Economic Community of West African States (ECOWAS, 1975), die Intergovernmental Authority on Development (IGAD, 1986) am Horn von Afrika, die Southern African Development Community (SADC, gegründet 1979 und 1992 neu ausgerichtet) sowie die Union Maghreb Arabe (UMA, 1989).[5]

In Asien werden die Asian Development Bank (ADB, 1996), die Association of Southeast Asian Nations (ASEAN, 1967) und die Mekong River Commission (MRC, 1995) zu den prominenten Regionalorganisationen gezählt. In der arabischen Welt sind die Arabische Liga (1945) und der von Saudi-Arabien dominierte Golf-Kooperationsrat (engl. GCC, 1981) zu nennen. Wichtige eurasische Regionalorganisationen sind die Organisation des Vertrags über kollektive Sicherheit (OVKS,

---

4 A. Malamud and G.L. Gardini, „Has Regionalism Peaked? The Latin American Quagmire and its Lessons", *International Spectator* 47 (2012) 1, pp. 116–133.

5 Für eine Geschichte der regionalen Integration in Afrika vgl. D. Bach, *Regionalism in Africa. Genealogies, Institutions, and Trans-State Networks*, London, New York: Routledge, 2016. Zu den aktuellen Prozessen von Verräumlichung siehe D.H. Levine and D. Nagar (eds.), *Region-Building in Africa. Political and Economic Challenges*, Basingstoke: Palgrave Macmillan, Cape Town: Centre for Conflict Resolution, 2016.

engl. CSTO, 1992), die Gemeinschaft Unabhängiger Staaten von Nachfolgestaaten der früheren Sowjetunion (GUS, engl. CIS, 1991) sowie die Shanghaier Organisation für Zusammenarbeit für Sicherheits- und Handelsfragen (SOZ, engl. SCO, 1996), der sowohl Russland wie auch die VR China und Indien angehören. In den Amerikas zählen neben der Organisation of American States (OAS, 1948) der Gemeinsame Markt Südamerikas mit Argentinien, Brasilien, Paraguay und Uruguay (span. Mercado Común del Sur oder Mercosur, 1991), die Andengemeinschaft (span. Comunidad Andina bzw. CAN, 1969/1996), die Karibische Gemeinschaft (engl. CARICOM, 1973) und die Bolivarianische Allianz für Amerika (span. Alianza Bolivariana para los Pueblos de Nuestra América bzw. ALBA, 2004) zu den relevanten Regionalismus-Projekten. Zusätzlich gibt es im Bereich des Indischen Ozeans Regionalorganisationen wie die Commission de l'Océan Indien (COI, 1982) und zwischen den arktischen Anrainerstaaten den Arctic Council (1996), dem neben Mitgliedstaaten auch identitäre NGOs als „ständige Teilnehmer" angehören (z. B. die Aleut International Association oder der Saami Council). Im pazifischen Raum sind der Sicherheitspakt zwischen Australien, Neuseeland und den Vereinigten Staaten (engl. ANZUS, 1951) sowie das wirtschaftspolitische Pacific Islands Forum (1971, mit einem Namenswechsel 1991) hervorzuheben.

In der politikwissenschaftlichen Diskussion wird dieser Trend der geographischen Ausbreitung und funktionalen Ausdifferenzierung von Regionalorganisationen im Rahmen von Diffusionstheorien diskutiert.[6] Kritiker dieses Ansatzes bemerken, dass Diffusionstheorien häufig ohne konkret handelnde Akteure auskommen und ebenso häufig übersehen, dass die Übernahme scheinbar fremder Modelle nicht ohne aktive Aneignung und Anpassung an die Bedürfnisse des entsprechenden neuen Kontextes, also Praktiken der Hybridisierung vorstellbar ist. Alternativ zur Idee linearer oder gestufter Diffusion bieten sich kulturwissenschaftliche Ansätze des Transfers an, in denen die aktive Suche nach Lösungen, deren aktiver (häufig transnationaler) Transfer und die jeweilige Hybridisierung am Zielort des Transfers in das Zentrum der Untersuchung rücken.[7]

---

6 Diese Schule basiert auf der Annahme, dass die Normen, Ideen, Institutionen und Praktiken einer bestimmten Regionalorganisation im interdependenten Geflecht der vielen Regionalismen auch auf andere Regionalorganisationen wirken. Vgl. A. Jetschke and T. Lenz, „Does Regionalism Diffuse? A New Research Agenda for the Study of Regional Organizations", *Journal of European Public Policy* 20 (2013) 4, pp. 626–637; und A. Jetschke and P. Murray, „Diffusing Regional Integration: The EU and Southeast Asia", *West European Politics* 35 (2012) 1, pp. 174–191. Siehe aber auch A. Acharya, „How Ideas Spread: Whose Norms Matter? Norm Localization and Institutional Change in Asian Regionalism", *International Organization* 58 (2004) 2, pp. 239–275.

7 Vgl. M. Middell, „Kulturtransfer und historische Komparatistik – Thesen zu ihrem Verhältnis", *Comparativ* 10 (2000) 1, S. 7–41; und ders., „Kulturtransfer, Transferts culturels, Version: 1.0",

Für die Erforschung von Regionalismen rückt dies die Frage in den Vordergrund, inwiefern die verschiedenen Regionalorganisationen auf einen Integrationsdruck in bestimmten Räumen reagieren, der aus der Zunahme von regional bezogenen Verräumlichungsprozessen (politischer, kultureller oder wirtschaftlicher Eliten, aber ebenso von alltäglicher Mobilität der „einfachen" Leute) resultiert, und auf welche Weise sie dabei auf Muster aufmerksam werden, die an anderer Stelle möglicherweise bereits auf ähnliche Bedarfe eine geeignete Antwort geboten haben.

Docupedia-Zeitgeschichte, 28. Januar 2016, ULR: <http://docupedia.de/zg/Kulturtransfer> (Zugriff: 31. Oktober 2017).

5 Regionalismen und Regionalorganisationen in Globalisierungsprozessen

Wie sind die oben skizzierten Regionalismen und Regionalorganisationen in der akademischen Debatte bislang diskutiert worden? Für die Politikwissenschaft sind Regionalorganisationen zunächst einmal geographisch definierte Subtypen von internationalen Organisationen (IOs), und in diesem Sinne bürokratische Formen von Herrschaft, die drei Funktionen ausüben: „(1) [to] classify the world, creating categories of problems, actors, and action; (2) fix meanings in the social world; and (3) articulate and diffuse new norms and rules".[1] In diesem Sinne stellen sie auch territorialisierte Subtypen von intergouvernementalen Organisationen dar, in denen die regionale Kooperation zwischen Staaten zur Herausbildung von regionalen inter-staatlichen Regimen in unterschiedlichen Politikfeldern führt.[2]

In der akademischen Debatte stehen häufig ungerichtete Prozesse von Regionalisierung im Mittelpunkt, sie werden als politische und ökonomische Integration von Gesellschaften diskutiert.[3] Regionalorganisationen werden auch unter dem Stichwort „Regionalismus" debattiert, worunter transnationale Interaktionen und Interdependenzen verstanden werden.[4] Häufig gehen diese Regionalismus-Projekte mit der Entwicklung eines regionalen Bewusstseins bzw. einer regionalen Identität einher, also der Konstruktion unterschiedlicher Formen von „kognitivem Regionalismus".[5] Während der Fokus der akademischen Debatte in der Vergangenheit vor allem auf der Rolle von einzelnen Regionalorganisationen in diesen Prozessen lag, betonen jüngere Beiträge zu dieser Debatte die Notwendigkeit, die Interaktionen zwischen einzelnen Regionalorganisationen zu untersuchen. Hier gilt das Interesse der empirischen Rekonstruktion und theoretischen Konzeption dem Phänomen des so genannten Inter-Regionalismus.[6]

---

1 M. Barnett and M. Finnemore, *Rules for the World. International Organizations in Global Politics*, Ithaca NY, London: Cornell University Press, 2004, p. 31.
2 Hurrell, „One World? Many Worlds?", p. 128.
3 Vgl. M.F. Schultz, F. Söderbaum and J. Öjendal, „Introduction: A Framework for Understanding Regionalization", in: M.F. Schultz, F. Söderbaum and J. Öjenda (eds.), *Regionalization in a Globalizing World*, London: Zed Books, 2001, pp. 1–17.
4 F. Söderbaum, *The Political Economy of Regionalisms. The Case of Southern Africa*, Basingstoke, New York: Palgrave MacMillan, 2004, p. 16.
5 Hurrell, „One World? Many Worlds?", p. 128. Vgl. auch B. Hettne and F. Söderbaum, „Theorising the Rise of Regionness", *New Political Economy* 5 (2000) 3, pp. 457–474.
6 Vgl. F. Söderbaum and L. van Langenhove (eds.), *The EU as a Global Player: The Politics of Interregionalism*, London: Routledge, 2006; H. Hänggi, R. Roloff and J. Rüland (eds.), *Interre-*

https://doi.org/10.1515/9783110587173-005

Von außen betrachtet ist es bedeutsam, dass „Regionalismus" in dieser Diskussion verallgemeinert wird und Regionalismen als ein eigenständiges Raumformat gehandelt werden, dem in einer spezifischen Raumordnung Bedeutung beigemessen wird.

Einige, wenngleich sicherlich nicht alle der Autoren, die sich an diesen Diskussionen beteiligen, nehmen eine sozial-konstruktivistische Position ein, die es ihnen erlaubt, den konstruierten Charakter von Regionen zu problematisieren: „There are no 'natural' regions, and definitions of 'region' and indicators of 'regionness' vary according to the particular problem or question under investigation", argumentiert beispielsweise der in Oxford lehrende britische Politikwissenschaftler Andrew Hurrell.[7] Regionen, Regionalismen und Regionalorganisationen können daher aus bestimmten Perspektiven untersucht werden, nämlich einerseits als „containers for culture and for value diversity; poles and powers; one level in a system of multi-level governance; and/or harbingers of change and possible transformation".[8]

Jene Akademiker, die stärker von der raumtheoretischen Wende in den Geistes- und Sozialwissenschaften (dem *spatial turn*) beeinflusst sind, sehen in Regionalorganisationen andererseits eine konkrete Verräumlichungsform bestimmter sozialer Felder unter der *global condition*, d. h. der historischen Transformation hin zu modernen Formen der Globalisierung im Zeitraum zwischen ca. 1840 und 1880.[9] Sie nehmen sowohl diskursiv konstruierte „Regionen" in den Blick, aber auch die ihnen zu Grunde liegenden politischen, kulturellen, wirtschaftlichen oder sozialen Integrationspraktiken.[10] Seit dem Ende des Kalten Krieges sei eine Zunahme von Regionalisierungsprojekten zu beobachten, weil Akteure in Prozessen der Deterritorialisierung verloren gegangene Souveränität zurück erlangen wollten. Beispiele für derartige Deterritorialisierungsprozesse

---

gionalism and International Relations, Abingdon: Routledge, 2006; F. Baert, T. Scaramagli and F. Söderbaum (eds.), *Intersecting Interregionalism: Regions, Global Governance and the EU*, Dordrecht: Springer, 2014; und P. de Lombaerde, F. Söderbaum and J.-U. Wunderlich, „Interregionalism", in K.E. Jorgensen et al. (eds.), *The SAGE Handbook of European Foreign Policy*, vol. 2, London: Sage, 2015, pp. 750 – 761.

7 A. Hurrell, „Regionalism in Theoretical Perspective", in: L. Fawcett and A. Hurrell (eds.), *Regionalism in World Politics*, Oxford: Oxford University Press, 1995, pp. 37 – 73, p. 38.

8 Hurrell, „One World? Many Worlds?", p. 136.

9 Vgl. R. Robinson, „Mapping the Global Condition: Globalization as the Central Concept", *Theory, Culture & Society* 7 (1990) 2, pp. 15 – 30; und M. Geyer and C. Bright, „World History in a Global Age", *The American Historical Review* 100 (1995) 4, pp. 1034 – 1060.

10 In diesem Sinne argumentieren aus einer Urban Studies-Perspektive auch J.-P.D. Addie and R. Keil, „Real Existing Regionalism: The Region between Talk, Territory and Technology", *International Journal of Urban and Regional Research* 39 (2015) 2, pp. 407 – 417.

sind die transnationalen Flüchtlingsbewegungen um das Mittelmeer und auf dem Balkan 2015, die immer häufiger zu Tage tretenden Effekte von Klimawandel, die Mobilität von Hochrisiko-Investitionskapital, der Verlust staatlicher Kontrolle im erweiterten Sahel-Raum, usw.[11]

Seit nach 1989/1990 in Politik und Wissenschaft die Entstehung einer „neuen Weltordnung" diskutiert wurde,[12] und sich auch realweltliche Verschiebungen von einer bipolaren zu einer zunehmend multipolaren Ordnung abzuzeichnen begannen, werden Regionalismen und Regionalorganisationen zunehmend mit Blick auf ihre theoretische und praktische Beziehung zu diesen aktuellen Globalisierungsprozessen erörtert.[13] Zur Beziehung zwischen der „one world of the international system and the many worlds of the different regionalisms", hat Hurrell vier Argumente entwickelt, um die Attraktivität von Regionalismen für Staaten aus dem Globalen Süden zu erklären:[14] Erstens, erscheint vielen von ihnen die Region als die angemessenste und zugänglichste Ebene, um die sich permanent ändernden und insgesamt eher verschärfenden Anforderungen der „global capitalist competition" mit den lokalen Notwendigkeiten von politischer Regulierung und Management zu versöhnen; zweitens, sei es einfacher, eine „deep integration" und die damit einhergehenden übergriffigen Regelwerke auf der regionalen statt auf der globalen Ebene zu verhandeln, da dort der soziale Konsens größer und die praktischen Probleme besser zu handhaben wären; drittens, seien Regionalismen für viele Staaten des Globalen Südens eine Chance, um ihre Integration in die globale Ökonomie besser kontrollieren und verhandeln

---

11 Zu den theoretischen Grundlagen und dem zugrunde gelegten Souveränitätsbegriff vgl. N. Brenner, „Beyond State-Centrism? Space, Territoriality, and Geographical Scale in Globalization Studies", *Theory and Society* 28 (1999) 1, pp. 39–78; A. Acharya, „Regionalism and the emerging world orders: sovereignty, autonomy, identity", in S. Breslin et al. (eds.), *New Regionalism in the Global Political Economy. Theories and Cases*, London: Routledge, 2002, pp. 20–32; und J. Agnew, „Sovereignty Regimes: Territoriality and State Authority in Contemporary World Politics", *Annals of the Association of American Geographers* 95 (2005) 2, pp. 437–461.

12 Vgl. G. Sørensen, „What Kind of World Order? The International System in the New Millennium", *Cooperation and Conflict* 41 (2006) 2, pp. 343–363; und S. Chaturvedi and J. Painter, „Whose World, Whose Order? Spatiality, Geopolitics and the Limits of the World Order Concept", *Cooperation and Conflict* 42 (2007) 2, pp. 375–395.

13 Vgl. A. Gamble and A. Payne (eds.), *Regionalism and World Order*, Basingstoke: Macmillan, 1996; J.H. Mittelman, „Rethinking the 'New Regionalism' in the Context of Globalization", *Global Governance* 2 (1996) 2, pp. 189–213; sowie B. Hettne, „Globalization and the New Regionalism: The Second Great Transformation", in: B. Hettne, A. Inotai and O. Sunkel (eds.), *Globalism and the New Regionalism*, Basingstoke: Palgrave Macmillan, 1999, pp. 1–24; und ders., „Reconstructing World Order", in M. Farrell, B. Hettne and L. van Langenhove (eds.), *Global Politics of Regionalism*, London: Pluto Press, 2005, pp. 269–286.

14 Hier und im Folgenden siehe Hurrell, „One World? Many Worlds?", p. 131.

zu können; und, viertens, würden Regionalismen diesen Staaten eine insgesamt vorteilhaftere Plattform für die Neuverhandlung des ursprünglich nach 1945 austarierten Verhältnisses zwischen Marktliberalisierung einerseits und sozialem Schutz andererseits anbieten.

Regionalismen und die Etablierung von Regionalorganisationen können daher als „sovereignty boosting practices" des Globalen Südens verstanden werden.[15] Sie zeichnen sich auch durch eine besondere Form der politischen Rationalität aus:[16] Die Akteure treffen Entscheidungen hinsichtlich der räumlichen Ebene (oder *scale*), auf der sie sich mit Blick auf ein konkretes Ziel engagieren wollen. Dies kann mit Bezug auf den französischen Historiker Jacques Revel auch als ein *jeux d'échelles*, ein Spiel mit den Maßstäben bezeichnet werden.[17] Es wird in unterschiedlichen Weltregionen je unterschiedlich gehandhabt. Angesichts selektiver Integrationspolitiken in Lateinamerika und Asien sowie vielfach überlappenden Mitgliedschaften in den Regionalorganisationen Afrikas sprechen Autoren deshalb auch von „modularen", „lockeren" bzw. „bifurkalen" Regionalismen.[18]

Mitunter mögen diese Souveränitätsstrategien auch gegen im internationalen System bereits etablierte Normen und deren Verräumlichungsregime wirken,[19] wie etwa die aktuelle Debatte über Straffreiheit für amtierende afrikanische Staats- und Regierungschefs in Fällen von schweren Verstößen gegen die Menschenrechte illustriert. Auf ihrem 28. Gipfeltreffen am 30.–31. Januar 2017 in Addis Abeba, Äthiopien, beschloss die Afrikanische Union – wenngleich nicht einstimmig – eine „Rückzugsstrategie": Da „der Westen" den Internationalen Strafgerichtshof angeblich aus imperialistischen und rassistischen Gründen in ein Instrument gegen amtierende afrikanische Staats- und Regierungschefs verwandelt habe, sollten die 34 Staaten des Kontinents, die das Rom-Statut unterzeichnet

---

15 Vgl. F. Söderbaum, „Modes of Regional Governance in Africa: Neoliberalism, Sovereignty Boosting, and Shadow Networks", *Global Governance* 10 (2004) 4, pp. 419–436; und ders., *Rethinking Regionalism*, Basingstoke: Palgrave Macmillan, 2015.

16 U. Engel et al. (eds.), „Introduction. The challenge of emerging regionalisms outside Europe", in: U. Engel et al. (eds.), *The New Politics of Regionalism. Perspectives from Africa, Latin America and Asia-Pacific*, London, New York: Routledge, 2016, pp. 1–15, hier p. 5.

17 Vgl. J. Revel (dir.), *Jeux d'échelles. La micro-analyse à l'expérience*, Paris: Gallimard, 1996.

18 Siehe G.L. Gardini, „Towards modular regionalism: The proliferation of Latin American cooperation", in Engel et al., *The New Politics of Regionalism*, 19–36; R. Mushkat, „'Loose' Regionalism and Global Governance: The Association of Southeast Asian Nations (ASEAN) Factor", *Melbourne Journal of International Law* 17 (2016) 1, pp. 238–256; und F. Mattheis, „Towards bifurcated regionalism: The production of regional overlaps in Central Africa", in Engel et al., *The New Politics of Regionalism*, 37–51.

19 Zum Begriff der Souveränitätsstrategie vgl. Agnew, „Sovereignty Regimes".

und ratifiziert haben, aus diesem Abkommen wieder austreten. Stattdessen strebt die AU an, die Verantwortung für Genozid, Verbrechen gegen die Menschlichkeit oder Kriegsverbrechen *nach* dem Ende von Amtszeiten gegebenenfalls vor dem, noch nicht ratifizierten, African Court on Justice and Human and Peoples' Rights zur Anklage zu bringen.[20]

---

[20] African Union, „Decision on the International Criminal Court", Assembly/AU/Dec.622 (XXVIII), Addis Ababa, Ethiopia, 30 – 31 January 2017. Mit Wirkung vom 27. Oktober 2017 ist Burundi der erste Staat Afrikas, der rechtskräftig aus dem Rom-Statut ausgetreten ist. *Iwacu*, 27. Oktober 2017.

6 Debatten zur Epistemologie und Periodisierung von Regionalorganisationen

Ihren Anfang nahm die akademische Debatte über Regionalismen und Regionalorganisationen in den 1940er Jahren, vor allem in der noch relativ jungen Disziplin der Politikwissenschaft. Kontroverse Diskussionen werden seither, erstens, über den „richtigen" epistemologischen Weg bei der Erforschung der Natur und Entwicklung von Regionalismen und, zweitens, über die Periodisierung und historische Tiefe des Phänomens geführt. Traditionelle *rational choice*-Ansätze aus der Sub-Disziplin der Internationalen Beziehungen haben sich zum Beispiel dem Feld der regionalen Sicherheitszusammenarbeit zugewandt, mit Konzentration auf Staaten, die vor einem so genannten Sicherheitsdilemma stehen (also Gefahr laufen, dass die eigenen Anstrengungen zur Verteidigung den potentiellen Gegner veranlassen, auch aufzurüsten) und sich zur Verringerung von Opportunitätskosten in Formen regionaler Verteidigungskooperation engagieren.[1] Neofunktionalistische Ansätze haben versucht aufzuzeigen, wie Staaten im Ergebnis von *spill-over*-Effekten Mitglied in einer Regionalorganisation werden und sich an politischen Integrationsprojekten beteiligen.[2] Und inter-gouvernementalistische Ansätze schließlich betonen, dass die Schaffung von Regionen eine Folge bewusster Regierungsentscheidungen im Ergebnis von Verhandlungen sind.[3]

Diese mittlerweile zur Mehrheitsmeinung in der Politikwissenschaft gewordenen Interpretationen stoßen wegen ihrer zumeist impliziten meta-theoretischen Annahmen aber auch auf Kritik. Erstens, basieren die drei genannten Ansätze unter anderem auf einem methodologischen Nationalismus, d. h. sie privilegieren einzig Staaten als Analyseeinheiten.[4] Sie sind, zweitens, tief in der Tradition von Modernisierungstheorien verankert: Die Existenz von Gesellschaften, die nach einem konstruierten „europäischen Modell" organisiert sind, gilt als Voraussetzung für erfolgreiche Regionalintegration. Und, drittens, haben sie ein verzerrtes Vokabular gemeinsam: Der Begriff der „Region" beispielsweise wird mit dem

---

1 K. Waltz, *Theory of International Politics*, New York: McGraw-Hill, 1979.

2 Als Klassiker vgl. D. Mitrany, „The Functional Approach to World Organization", *International Affairs* 24 (1948) 3, pp. 350–363; bzw. E.B. Haas, *The Uniting of Europe*, London: Stevens and Sons, 1958.

3 Stellvertretend siehe A. Moravcsik, „Negotiating the Single European Act: National Interests and Conventional Statecraft in the European Community", *International Organization* 45 (1991) 1, pp. 19–56.

4 Zum Begriff vgl. J. Agnew „The territorial trap: the geographical assumptions of international relations theory", *Review of International Political Economy* 1 (1994) 1, pp. 53–80.

https://doi.org/10.1515/9783110587173-006

Prozess der „Regionalisierung" gleichgesetzt; der Fokus liegt lediglich auf wirtschaftlichen und politischen Organisationen und Integrationsergebnissen, mit geringem Interesse an den eigentlichen Prozessen der Verräumlichung und des Raum-ordnens. Die Orthodoxie wurde, viertens, schließlich auch wegen des ihr zugrundeliegenden konzeptionellen Eurozentrismus kritisiert:[5] Eine kontingente Erfahrung im Westeuropa der Nachkriegszeit, die letztlich zur Gründung der Europäischen Union geführt hat, wird universalisiert und dient danach als Maßstab und Rollenmodell für regionale Integration schlechthin. Zumindest bis zur Entscheidung über den *Brexit* 2016/2017, also dem geplanten Austritt Großbritanniens aus der EU,[6] scheinen weltweit gängige Theorien der Regionalintegration einem linearen europäischen Modell zu folgen, das aus fünf aufeinander aufbauenden Etappen besteht: Einer auf dem Abbau tarifärer und nicht-tarifärer Handelshindernisse beruhenden Freihandelszone folgt demnach die Zollunion mit einem gemeinsamen Außentarif; dem schließt sich ein gemeinsamer Markt an, der auf dem freien Verkehr von Waren, Dienstleistungen, Arbeit und Kapital beruht; aus diesem gemeinsamen Markt erwächst eine wirtschaftliche und monetäre Union mit einer gemeinsamen Geld- und Finanzpolitik; und Höhepunkt dieses Integrationsmodells ist dann die politische Union, in der alle separaten nationalen Institutionen aufgehen.[7]

Abweichend von der oben skizzierten Orthodoxie haben neuere Ansätze der Regionalismus-Forschung sich der nicht-europäischen Welt zugewandt. Sie legen ihr Augenmerk auch auf Fälle von informellem Regionalismus, nicht-staatlichem Regionalismus und dynamischem Regionalismus. Angesichts einer nach dem Ende des Kalten Krieges gehäuften akademischen Beschreibung von Regionalismen in Afrika, Asien und Lateinamerika,[8] hat eine Gruppe von skandinavischen

---

5 Engel et al., „Introduction", pp. 2 and 6.

6 Für eine von vielen alarmistischen Diskussionen vgl. L. Scuira, „Brexit Beyond Borders: Beginning of the EU Collapse and Return to Nationalism", *Journal of International Affairs* 70 (2017) 2, pp. 109–123. Siehe aber auch B. Jessop „The Organic Crisis of the British State: Putting Brexit in its Place", *Globalizations* 14 (2017) 1, pp. 133–141.

7 Ein typisches, rezentes Beispiel für diese Argumentation ist R. Baldwin, „Sequencing Asian Regionalism: Theory and Lessons from Europe", *Journal of Economic Integration* 27 (2012) 1, pp. 1–32.

8 Allgemein vgl. S. Breslin et al. (eds.), *New Regionalisms in the Global Political Economy*, London: Routledge, 2002; und F. Söderbaum and T.M. Shaw (eds.), *Theories of New Regionalism: A Palgrave Reader*, Basingstoke, New York: Palgrave Macmillan, 2003. Siehe auch M. Telò (eds.), *European Union and New Regionalism. Regional Actors and Global Governance in a Post-Hegemonic Era*, Aldershot: Ashgate, 1999. Zu Afrika vgl. D. Bach, „Regionalism & Globalization in Sub-Saharan Africa. Revisiting a Paradigm", in: D. Bach (ed.), *Regionalisation in Africa: Integration and Disintegration*, Oxford: James Currey, 1999, pp. 1–13; M. Bøås, M.H. Marchand and T.M. Shaw, „The

Akademikern im Umfeld der Universität Göteborg um die Millenniumswende herum ein neues Paradigma ausgerufen: den *New Regionalism Approach* (NRA).[9] Dieser Ansatz versteht sich als reflexiv, Prozess-orientiert und multidimensional (i.S. von über Politik und Wirtschaft hinausgehend) – in bewusster Abgrenzung zum (Neo-)Funktionalismus.[10] Epistemologisch ruht der NRA häufig in einer „neu", „kritisch" oder „heterodox" verstandenen Variante der Internationalen Politischen Ökonomie, die an die Arbeiten des kanadischen Politikwissenschaftlers Robert W. Cox (*1926) anknüpft.[11]

Ziemlich erfolgreich hat die NRA-Schule einen Gegensatz zwischen einem angeblich „alten Regionalismus" und einem „neuen Regionalismus" in der Debatte verankert. Er basiert, erstens, auf einer zeitlichen Gegenüberstellung von Entwicklungen, die nach 1945 und solchen, die nach 1989 stattgefunden haben; zweitens auf der geographischen Unterscheidung zwischen Europa und dem Globalen Süden; und, drittens, darauf, dass Regionalismen im Globalen Süden nach Zahl, Ausrichtung und Diversität anders als der (West-)europäische Regionalismus seien („narrow vs. broad"). Außerdem hebt der NRA die soziale Konstruktion von neuen Regionen hervor. Damit wird zumindest rhetorisch eine *spatial turn*-Dimension abgerufen, die dann in den allermeisten der NRA-Schule zuzurechnenden Texten allerdings nicht wirklich systematisch eingelöst wird. Die

---

Political Economy of New Regionalisms", *Third World Quarterly* 20 (1999) 5, pp. 897–910; J.A. Grant and F. Söderbaum, F. (eds.), *The New Regionalism in Africa*, Aldershot: Ashgate 2003; sowie U. Lorenz and M. Rempe (eds.), *Mapping Agency: Comparing Regionalisms in Africa*, Farnham: Ashgate, 2013. Zum Nahen Osten siehe M.-M.O. Mohamedou, „Arab agency and the UN project: The League of Arab States between universality and regionalism", *Third World Quarterly* 37 (2016) 7, pp. 1219–1233. Zu Asien vgl. M. Beeson, *Regionalism and Globalization in East Asia: Politics, Security and Economic Development*, Basingstoke: Palgrave, 2007; ders. (ed.), *Routledge Handbook of Asian Regionalism*, London: Routledge, 2012; C.M. Dent, *East Asian Regionalism*, Abingdon: Routledge, 2008; E.L. Frost, *Asia's New Regionalisms*, Boulder CO: Lynne Rienner, 2008; und N. Thomas (ed.), *Governance and Regionalism in Asia*, Oxon: Routledge, 2009. Und zu Lateinamerika vgl. J.W. Cason, *The Political Economy of Integration: The Experience of Mercosur*, Abingdon: Routledge, 2011; O. Dabène, *The Politics of Regional Integration in Latin America*, Basingstoke: Palgrave Macmillan, 2009; L. Gómez-Mera, *Power and Regionalism in Latin America*, Notre Dame, IN: University of Notre Dame Press, 2013; sowie P. Riggirozzi and D. Tussie (eds.), *The Rise of Post-Hegemonic Regionalism: The Case of Latin America*, Dordrecht: Springer, 2012.

9 Siehe R. Väyrynen, „Regionalism: Old and New", *International Studies Review* 5 (2003) 1, pp. 25–51.

10 Söderbaum, *The Political Economy of Regionalisms*, p. 16.

11 R.W. Cox, „Social Forces, States and World Orders: Beyond International Relations Theory", *Millennium: Journal of International Studies* 10 (1981) 2, pp. 126–155; und ders., *Approaches to World Order*, Cambridge: Cambridge University Press, 1996. Vgl. auch die Würdigung seines Lebenswerkes in *Globalizations* 13 (2016) 5.

Ursache hierfür mag darin liegen, dass der NRA Prozesse der Regionalisierung für quasi selbstverständlich hält – während doch zunächst einmal zu fragen wäre, wer denn und warum ein Interesse daran hat, den Raum mit dem Raumformat Region bzw. Regionalismus zu ordnen.

Die bisherige Debatte innerhalb des NRA kann in sechs einander zuweilen überlappenden Phasen gedacht werden, beginnend mit den späten 1990er Jahren, als die „neuen Regionalismen" als ein Grund für fundamentalen sozialen Wandel im internationalen System identifiziert worden sind.[12] Ungefähr zur gleichen Zeit beginnen einige NRA-Autoren, den „neuen Regionalismus" in „der" Globalisierung zu verorten (wobei „Globalisierung" in dieser Lesart immer als ein singulärer ökonomischer Prozess gedacht wird, der von einem geographischen Kern ausgeht, objektiv messbar wäre, etc.).[13] Dem folgte eine dritte Phase, in der diese Beziehung auch theoretisch reflektiert wurde.[14] In den 2000er Jahren versuchten NRA-Autoren sich an einer empirischen Grundierung der Kategorie „neue Regionalismen".[15] In der fünften Phase, beginnend in den frühen 2010er Jahren, ist die Konsolidierung des NRA als akademisches Feld zu beobachten. Dies drückt sich in Formen der Institutionalisierung dieser speziellen Wissensordnung aus, etwa durch die Herausgabe eines Kompendiums, aber auch durch den Rücktransfer von Erkenntnissen aus der NRA-Debatte beispielsweise in die European Studies.[16] Eine sechste Phase mag begonnen haben, als einzelne NRA-Autoren versuchten, die Grenzen des NRA zu überwinden, und den NRA konsequent als eine unter mehreren Diskursformationen zu provinzialisieren – also festzustellen, dass der NRA durch einige Diskurs-Entrepreneure geschickt ein bestimmtes Sprechen über regionale Phänomene begonnen hat, das zweifelsohne wir-

---

12 Siehe Hettne, „Globalization and the New Regionalism"; und F. Söderbaum and T.M. Shaw (eds.), *Theories of New Regionalism*. Diese Periodisierung ist inspiriert von N. Bisley, *Rethinking Globalization*, London: Palgrave Macmillan, 2007.

13 L. Fawcett and A. Hurrell (eds.), *Regionalism in World Politics*, Oxford: Oxford University Press, 1995; und Gamble and Payne, *Regionalism and World Order*.

14 Siehe S. Breslin and G. Hook (eds.), *Microregionalism and World Order*, Basingstoke: Palgrave, 2002; und Hurrell, „One World? Many Worlds?".

15 Siehe zum Beispiel F. Söderbaum and I. Taylor (eds.), *Afro-Regions: The Dynamics of Cross-Border Micro-Regionalism in Africa*, Uppsala: Nordiska Afrikainstitutet, 2008.

16 Siehe T.M. Shaw, J.A. Grant and S. Cornelissen, „Introduction and Overview: The Study of New Regionalism(s) at the Start of the Second Decade of the Twenty-First Century", in: dies. (eds.), *The Ashgate Research Companion to Regionalisms*, Farnham, Burlington VT: Ashgate, 2011, pp. 3 – 30; A. Sbragia and F. Söderbaum, „EU-Studies and the 'New Regionalism': What can be Gained from Dialogue?", *Journal of European Integration* 32 (2010) 6, pp. 563 – 582; und A. Warleigh-Lack, N. Robinson and B. Rosamund (eds.), *New Regionalism and the European Union. Dialogues, Comparisons and New Research Directions*, London, New York: Routledge, 2011.

kungsmächtig geworden ist, aber auch nur eine von mehreren Möglichkeiten der Signifizierung des Raumformats „Regionalismus" darstellt.

Die Kritik am NRA verweist darauf, dass der Ansatz den methodologischen Nationalismus der Politikwissenschaft nicht wirklich überwunden hat: die empirische Anerkennung der „neuen Regionalismen" jenseits des Staates findet auf theoretischem Gebiet keine Entsprechung; und trotz der Annahme, dass Regionen Ergebnis kultureller Konstruktionen sind, werden ebendiese Regionen dann doch meist lediglich mit den Staaten gleichgesetzt, die diese Regionen konstituieren.[17]

In den späten 2000er Jahren sind einige Vertreter der NRA-Schule mit dem Konzept eines „vergleichenden Regionalismus" angetreten, um das „neue Regionalismen"-Paradigma abzulösen.[18] Seither hat es eine ganze Reihe von Versuchen gegeben, diese Forschungslinie konzeptionell stärker zu entwickeln.[19] Substantielle empirische Beiträge zu einem *comparative regionalism* stehen indes meist noch aus, – auch weil sie methodisch sehr aufwendig sind, Mehrsprachigkeit und Vertrautheit mit den Forschungstraditionen von mehr als nur einer Disziplin verlangen.[20]

Zur zweiten großen Kontroverse in der Forschung über Regionalismus und Regionalorganisationen, der Periodisierung und Historisierung, sind in der Politikwissenschaft im Wesentlichen zwei konkurrierende Narrative entwickelt wor-

---

17 Engel et al., „Introduction", pp. 1–10.
18 F. Söderbaum, „Old, New and Comparative Regionalism. The History and Scholarly Development of the Field", in: T.A. Börzel and T. Risse (eds.), *The Oxford Handbook of Comparative Regionalism*, Oxford: Oxford University Press, 2016, pp. 16–37, p. 31.
19 In chronologischer Reihenfolge vgl. A. Warleigh-Lack, „Studying regionalisation comparatively: A Conceptual Framework", in: A.F. Cooper, C.W.H. Hughes and P. de Lombaerde (eds.), *Regionalisation and Global Governance. The Taming of Globalisation?*, Abingdon, New York: Routledge, 2008, pp. 43–60; A. Acharya, „Comparative Regionalism: A Field Whose Time Has Come?", *International Spectator* 47 (2012) 1, pp. 3–15; T.A. Börzel, „Comparative Regionalism: European Integration and Beyond", in: W. Carlsnaes, T. Risse and B. Simmons (eds.), *Handbook of International Relations*, London: Sage, 2013, pp. 503–530; T.A. Börzel and T. Risse (eds.), *The Oxford Handbook of Comparative Regionalism*; F. Söderbaum, *Rethinking Regionalism*, Basingstoke: Palgrave Macmillan, 2015; L. Fioramonti (ed.), *Regions and Crises: New Challenges for Contemporary Regionalisms*, Basingstoke: Palgrave, 2012; dies. (ed.), *Regionalism in a Changing World: Comparative Perspectives in the New Global Order*, London: Routledge, 2012; und L. Fioramonti and F. Mattheis, „Is Africa Really Following Europe? An Integrated Framework for Comparative Regionalism", *Journal of Common Market Studies* 54 (2016) 3, pp. 674–690; sowie E. Solingen, *Comparative Regionalism. Economics and Security*, Abingdon: Routledge, 2015.
20 Für eine Ausnahme vgl. F. Mattheis, *New Regionalism in the South: Mercosur and SADC in a Comparative and Interregional Perspective*, Leipzig: Leipziger Universitätsverlag, 2015. Zur methodischen Herausforderung vgl. P. de Lombaerde et al., „The problem of comparison in comparative regionalism", *Review of International Studies* 36 (2010), pp. 731–753.

den. Das eine beginnt die Geschichte von Regionalismen und Regionalorgani-
sationen mit den 1920er Jahren und dem Völkerbund, das andere knüpft an das
Ende des Zweiten Weltkrieges an. Als Vertreter der erst genannten Erzählung hat
der italienische Politikwissenschaftler Mario Tèlo (*1950) eine *longue durée* „des
Regionalismus" entwickelt, in der zwischen 1900 und 2016 vier „Epochen"
identifiziert werden.[21] Die erste Epoche streckt sich vom Ersten Weltkrieg bis zur
Wirtschaftskrise 1929 – 1936. Sie sei durch einen autoritären und hierarchischen
Regionalismus gekennzeichnet gewesen, wie er sich unter anderem im britischen
Commonwealth ausgedrückt habe. Die zweite Epoche „des Regionalismus" habe
mit dem Zweiten Weltkrieg begonnen und beinhalte auch die bipolare Weltordnung, die sich nach seinem Ende entwickelt hat. In den 1950er bis 1980er Jahren
wurden Regionalismen durch die Hegemonie der Vereinigten Staaten und eine
Vielzahl multilateraler Institutionen determiniert. Als Beispiele führt Tèlo die
NATO oder ASEAN an. Die dritte Epoche in der Entwicklung von Regionalismen
habe nach einem kurzen Moment der Dominanz der Vereinigten Staaten als
globaler Ordnungsmacht (nach dem Zusammenbruch der Sowjetunion) einge-
setzt und rasch im relativen Abstieg der USA während einer Dynamik gemündet,
die Tèlo als „Globalisierung" bezeichnet (auch hier taucht wieder ein sehr ahis-
torisches Verständnis globaler Verflechtungen auf, das kennzeichnend für einen
weiten Teil dieser Debatte ist). Diese Phase wird von Tèlo auch als *belle époque*
beschrieben, in der Regionalorganisationen wie ASEAN, Mercosur, SADC und die
Afrikanische Union eine zentrale Rolle gespielt hätten. Die gegenwärtige Epoche
habe demnach mit der globalen Wirtschaftskrise 2007/2008 begonnen; sie sei
durch Tendenzen der Fragmentierung und der Ausbildung einer multipolaren
Weltordnung geprägt, in der konkurrierende Regionalismen und Inter-Regionalismus, „instrumenteller Regionalismus", der Handel vor allem mit Alliierten und
die Versicherheitlichung weiterer Globalisierungszusammenhänge eine wesent-
liche Rolle spielten. Als Beispiele gelten Tèlo das russländische Projekt der 2000
gegründeten Eurasischen Wirtschaftsgemeinschaft (die 2015 in die Eurasische
Wirtschaftsunion überging) sowie die seit 2013 zwischen den Vereinigten Staaten
und der EU verhandelte Transatlantic Trade and Investment Partnership (TTIP).

---

21 M. Telò, *Regionalism in Hard Times. Competitive and post-liberal trends in Europe, Asia, Africa,
and the Americas*, Abingdon: Routledge, 2017, p. 67. Ähnlich argumentieren auch L. Fawcett,
„Regionalism from an Historical Perspective", in: M. Farrell, B. Hettne and L. van Langenhove
(eds.), *Global Politics of Regionalism: An Introduction*, London, Ann Arbor, MI: Pluto Press, 2005,
pp. 21–37; und D. Rodogno, S. Gaunthier and F. Piana, „What does transnational history tell us
about a world with international organizations? The historians' point of view", in: B. Reinalda
(ed.), *Routledge Handbook of International Organizations*, London, New York: Routledge, 2013,
pp. 94–105.

Im Gegensatz hierzu schlägt der Göteburger Politikwissenschaftler Fredrik Söderbaum (*1968) eine noch kürzere Periodisierung vor, die mit dem Ende des Zweiten Weltkrieges beginnt.[22] Der für Söderbaum zunächst wichtige Weltordnungskontext ist die Bipolarität des Kalten Krieges in Europa und die Dekolonisierung im Global Süden. Die Verbindung zwischen nationalen, regionalen und globalen Formen des Regierens (*governance*) werden im Kontext der regionalen Integration jenseits des (europäischen) Nationalstaates einerseits und der Entwicklung post-kolonialer Staaten im Globalen Süden andererseits beschrieben. Die Akteure dieser ersten Phase „des Regionalismus" seien Sektor-spezifisch organisiert, Regionalismen wären formal und angeleitet durch die in Regionalorganisationen organisierten Staaten. Die zweite Phase von Regionalismen habe mit dem Ende des Kalten Krieges begonnen, also um 1989 herum. Hier lauten die von Söderbaum eingeworfenen Stichworte zum Weltordnungskontext „Globalisierung" und „Neo-Liberalismus". Verschiedene Formen des Multilateralismus werden als instabil angesehen, gleichzeitig würde der Nationalstaat transformiert. Regionalismen dienten in dieser Phase dazu, „der" Globalisierung zu „widerstehen", sie zu „zähmen" oder, je nach Provenienz, sie „voranzutreiben". Die dominanten Regionalismen werden als multi-sektoral oder spezialisiert beschrieben. Den staatlichen Akteuren stellt Söderbaum für diese Phase in ihrer Bedeutung gewachsene nicht-staatliche Akteure gegenüber. Regionalismen würden nun von Formen der Regionalisierung unterschieden werden. Gleichzeitig wird der Gegensatz zwischen formellen und informellen Regionalismen betont. In den 2000er Jahren sei dann unter dem Eindruck des „Krieges gegen den Terror" und der globalen Finanzkrise 2007/2008, aber auch des Aufstieges der BRICS (also: Brasilien, China, Indien, Russland und Südafrika) und anderer „aufstrebender Mächte" eine multipolare oder „multiplexe" Weltordnung gewachsen. In der jüngsten Phase von Regionalismen sei regionale Regierungsführung Teil eines vielschichtigen Systems der *global governance*. Söderbaum betont, dass zu den Akteuren nun vor allem Staaten, aber auch zahlreiche nicht-staatliche Organisationen in einer Vielzahl von Handlungsfeldern zu rechnen seien.

Diese politikwissenschaftliche Kontroverse über eine mögliche Periodisierung von Regionalismen – ab 1919 oder ab 1945 – ist von Seiten der Globalgeschichtsschreibung längst anderweitig entschieden worden, auch wenn dieses neue Wissenschaftsfeld den Begriff der Regionalorganisation für die Zeit vor 1919 eben nicht gebraucht, sondern konsequent von „internationalen Organisationen" spricht, sogar, wenn sie Regionalorganisationen ins Auge fasst. Trotz dieses Signifizierungsunterschiedes beschreiben Globalhistoriker eine breite Empirie von

---

22 Hier und im folgenden siehe Söderbaum, „Old, New and Comparative Regionalism", p. 31.

Regionalorganisationen, die ihren historischen Ausgang deutlich früher als 1919 nehmen.[23] Wobei auch in der Globalgeschichtsschreibung umstritten ist, wann genau dieser Moment einsetzt. Während Reinalda in seiner „Routledge History of International Organizations", wie oben bereits ausgeführt, die Geschichte der internationalen Organisationen mit dem Wiener Kongress 1814/1815 und einer sehr eindeutig regionalen Organisation, der Rhein-Kommission 1815 beginnen lässt, gelten der in Basel lehrenden Historikerin Madeleine Herren (* 1956) in ihrer „Globalgeschichte der Internationalen Ordnung" das Internationale Komitee des Roten Kreuzes (1863/64) und die Internationale Telegraphen Union (1865) als eigentlicher Beginn der Geschichte der internationalen (regionalen) Organisationen – alles zwischen dem Wiener Kongress 1814/1815 und 1865 wird als „Vorgeschichte der internationalen Ordnung des 19. und 20. Jahrhunderts" beschrieben.[24]

23 Vgl. Klaas Dykmann, „The History of International Organizations – What is New?", *Journal of International Organizations Studies* 2 (2011) 2, pp. 79–82.
24 Reinalda, *Routledge History of International Organizations*, pp. 17–21 und 28–30; und Madeleine Herren, *Internationale Organisationen seit 1865. Eine Globalgeschichte der Internationen Ordnung*, Darmstadt: Wissenschaftliche Buchgesellschaft, 2009, S. 15.

7 Regionale Praktiken in Afrika

In diesem Abschnitt sollen anhand von Beispielen aus der Praxis der Afrikanischen Union drei zentrale Wirkungsweisen von Regionalorganisationen vertieft erörtert werden: die Herstellung einer regionalen Raumordnung im Übergang von der Organisation of African Unity (OAU) zur Afrikanischen Union in den Jahren 1999–2002, die Etablierung von regionalen Politikarchitekturen (hier in den Feldern Frieden und Sicherheit sowie Demokratie und Regierungsführung) und schließlich die Herausbildung von inter-regionalen Routinen (hier die „Partnerschaften" zwischen AU auf der einen Seite sowie den Vereinten Nationen bzw. der Europäischen Union auf der anderen).

Erstens, stellte die Gründung der Afrikanischen Union als supranationale Organisation im Jahre 2001 mit geringer Delegation von Souveränität der Mitgliedsstaaten an die neu geschaffene AU-Kommission einen politischen Kompromiss zwischen verschiedenen Positionen dar, die Allianzen von Mitgliedsstaaten propagiert hatten. Die Mehrheitsmeinung in der Forschung geht davon aus, dass die Verhandlungen über die Transformation der OAU zwischen „Minimalisten" einerseits, angeführt von Südafrika unter Präsident Thabo Mbeki und Nigeria unter Olusegun Obasanjo, und „Maximalisten" andererseits, die sich hinter Libyens Muammar al-Gaddafi versammelten, geführt worden seien.[1] Die Frankfurter Politikwissenschaftlerin Antonia Witt hat dem gegenüber eine nuanciertere Interpretation entwickelt, der zu Folge eigentlich drei unterschiedliche Positionen zur Verhandlung standen: eine „defence union", eine „people's union" und eine „manager-states' union".[2] Die erste Version wurde durch Libyen verfolgt, und (zeitweise) unterstützt durch Staaten wie Ghana, Liberia, Mali, Malawi, Senegal, Sudan und Tschad. Diese Staatengruppe sah in „der" Globalisierung ein feindliches Umfeld und wollte sich, einem pan-afrikanistischen Impetus folgend, durch die Schaffung der „Vereinigten Staaten von Afrika" vor diesen Einflüssen schützen. Dieser Bund sollte keinerlei Staatsgrenzen mehr aufweisen und durch den kompletten Transfer aller Souveränitätsrechte der AU-Mitgliedsstaaten auf die neue Zentrale gekennzeichnet sein. Tatsächlich ist die Art der Integration und Einheit des afrikanischen Kontinents seit über einem Jahrhundert Gegenstand

---

1 Vgl. T.K. Tieku, „Explaining the Clash and Accommodation of Interests of Major Actors in the Creation of the African Union", *African Affairs* 103 (2004) 411, pp. 249–267.
2 Hier und im folgenden A. Witt, „The African Union and Contested Political Order(s)", in: U. Engel and J. Gomes Porto (eds.), *Towards an African Peace and Security Regime. Continental Embeddedness, Transnational Linkages, Strategic Relevance*, Farnham, Burlington VA: Ashgate 2013, pp. 11–30.

https://doi.org/10.1515/9783110587173-007

von intellektuellen und politischen Debatten gewesen, wobei die Sequenzierung – gradueller Inkrementalismus vs. beschleunigte Umsetzung – immer hoch umstritten war.[3] Gaddafi jedenfalls drängte die Afrikanische Union 2009 dazu, eine *roadmap* für die Umsetzung der „Vereinigten Staaten von Afrika" bis zum Jahr 2017 anzunehmen. Nach diesem Plan sollte die AU-Kommission durch eine AU-Autorität ersetzt werden, auf die von den Mitgliedsstaaten die Alleinvertretungsrechte gegenüber Dritten in den Bereichen Frieden und Sicherheit, Regionalintegration, Entwicklungszusammenarbeit sowie „gemeinsame Werte" und *institution- and capacity-building* übergehen sollte.[4] Das Projekt wurde erst 2011 nach dem gewaltsamen Tod von Gaddafi zu den Akten gelegt.[5]

Die zweite Verhandlungsposition über die Zukunft der Afrikanischen Union wurde durch Mitgliedsstaaten wie Südafrika und (nach einem Regierungswechsel) Ghana vertreten, und später auch durch die AU-Kommission und das Pan-Afrikanische Parlament getragen. Sie vertraten das Konzept einer *people's union*, die sich an der Bereitstellung öffentlicher Güter (wie z. B. Sicherheit) und demokratischer Teilhabe messen lassen wollte. Die *manager-states' union*, in der lediglich die Staaten selbst die Integration des Kontinents befördern sollten, wurde hingegen von regionalen Schwergewichten wie Ägypten, Nigeria, Senegal und Uganda verfolgt.

Im Ergebnis der Verhandlung unterschiedlicher Zugänge zum gleichen Raumformat stellt die Afrikanische Union einen regionalen Ordnungskompromiss dar, einen supra-nationalen Regionalismus, in dem die Mitgliedstaaten kaum Souveränitätsrechte an die Zentrale delegiert haben – obgleich die AU-Kommission über die Jahre zu einem wirkungsmächtigen Akteur herangereift ist, der eigene Interessen entwickelt und verfolgt.[6]

Zweitens, und im Gegensatz zu ihrem Vorläufer, der OAU, die sich vor allem den Themen Dekolonisierung und Apartheid gewidmet hat, musste die Afrikanische Union sich seit ihrer Gründung insbesondere mit gewaltsamen Konflikten,

---

3 Vgl. K. van Walraven, *Dreams of Power: The Role of the Organization of African Unity in the Politics of Africa 1963–1993*, Aldershot: Ashgate, 1999.
4 Vgl. AU Assembly, *Special Session of the 12th Ordinary Session of the Assembly. Report on the Outcome of the Special Session on Follow Up to the Sharm El Sheikh Assembly Decision AU/Dec. 206 (XI) on the Union Government* [Sp/Assembly/AU/Draft /Rpt(1)], Addis Ababa: African Union, 2009.
5 Vgl. U. Engel, „The Changing Role of the AU Commission in Inter-African Relations – The Case of APSA and AGA", in: J.W. Harbeson and D. Rothchild (eds.), *Africa in World Politics. Engaging a Changing Global Order*, 5th ed., Boulder CO: Westview Press, 2013, pp. 186–206, hier pp. 188–194.
6 Engel, „The Changing Role of the AU Commission"; und ders., „The African Union's Peace and Security Architecture. From aspiration to operationalization", in: J.W. Harbeson and D. Rothchild (eds.), *Africa in World Politics. Constructing Political and Economic Order*, 6th ed., Boulder CO: Westview Press, 2016, pp. 262–282.

Terrorismus und gewaltsamen Extremismus (z. B. Djihadismus) sowie Fällen von nichtverfassungskonformen Regierungswechseln befassen (engl. *unconstitutional changes of government*, oder UCG), also *coups d'etats*, gewaltsamen Debatten über in der Verfassung nicht vorgesehene Amtszeitverlängerungen von Staats- und Regierungschefs sowie Formen elektoraler Gewalt. Ausgehend von den gleichen politischen Prinzipien, die schon in der OAU galten – vor allem die Souveränität der Mitgliedstaaten und die Nichteinmischung in deren „innere Angelegenheiten" –, hat die Afrikanische Union sehr innovativ ein weiteres Prinzip zur Regelung der gemeinsamen Beziehungen eingeführt: Die Union hat seit 2001 das Recht, vorbehaltlich einer Entscheidung der Staats- und Regierungschefs, militärisch in ihren Mitgliedstaaten zu intervenieren – „in respect of grave circumstances, namely war crimes, genocide and crimes against humanity".[7] Um den vielfältigen Herausforderungen tatkräftig begegnen zu können, hat die Afrikanische Union eine komplexe Friedens- und Sicherheitsarchitektur (African Peace and Security Architecture, APSA) verabschiedet. Ihre Pfeiler bestehen aus einem Friedens- und Sicherheitsrat (PSC), einem Kontinentalen Frühwarnsystem zu gewaltsamen Konflikten (CEWS), einer militärischen Eingreiftruppe, der African Standby Force (ASF), dem Beratungsorgan Panel of the Wise und einem Finanzierungsinstrument, dem Afrikanischen Friedensfonds (APF).[8] Die APSA und entsprechende Praktiken sind mittlerweile weitgehend umgesetzt worden – ursprünglich galt ein Implementierungshorizont bis 2010 –, wenngleich in den fünf Großregionen (Nord, Zentral, West, Ost und Süd) mit unterschiedlicher Geschwindigkeit und Effektivität.[9] Gleichzeitig hat diese Neuausrichtung den Druck anwachsen lassen, die kontinentale Politik stärker als in der Vergangenheit mit den regionalen Wirtschaftsgemeinsaften, den RECs, zu koordinieren und zu harmonisieren. Die Arbeitsteilung zwischen der Afrikanischen Union und den acht offiziell anerkannten RECs (siehe oben) stellt noch *work-in-progress* dar.

Zusätzlich verfolgt die Afrikanische Union eine komplementäre *African Governance Architecture* (AGA).[10] Sie basiert auf universellen Werten, demokratischen Ansprüchen und Respekt für Menschenrechte; sie wirbt weiterhin für die Prinzipien von Rechtsstaatlichkeit, verfassungsgemäßer Ordnung, regelmäßige freie und faire Wahlen, die Unabhängigkeit der Justiz, usw. Der Ratifizierungs-

---

7 Siehe OAU, *Constitutive Act of the African Union*, Lomé: Organisation of African Unity, 2000, § 4 (a, g-h).

8 Vgl. African Union, *Protocol Relating to the Establishment of the Peace and Security Council*, Durban: African Union, 2002.

9 Siehe Engel, „The African Union's Peace and Security Architecture".

10 Vgl. African Union, *African Charter on Democracy, Elections and Governance*, Addis Ababa: African Union, 2007.

prozess der Charter brauchte allerdings fünf Jahre und legte den Blick frei auf eine deutliche Trennung zwischen liberalen und autoritären Mitgliedsstaaten. Zum 15. Juni 2017 hatten nur 30 von 54 AU-Mitgliedsstaaten die Charta ratifiziert, und bis Januar 2017 war lediglich Togo der verbindlichen Berichtspflicht über den Stand von Demokratie und Menschenrechten im eigenen Land nachgekommen. Die Integration der beiden Architekturen innerhalb der AU-Kommission, zwischen der Kommission und den Mitgliedsstaaten bzw. RECs sowie unterhalb der RECs bleibt eine herausfordernde Aufgabe.[11]

Drittens verfolgt die Afrikanische Union eine besondere Form des *sovereignty boosting*, einen Inter-Regionalismus, indem sie im Feld Frieden und Sicherheit aktiv Partnerschaften mit den Vereinten Nationen und der Europäischen Union ausbaut.[12] Beide Institutionen spielen eine gewichtige Rolle in der Finanzierung entsprechender Maßnahmen in Afrika, vor allem im Bereich der Friedensschaffenden oder -erhaltenden Einsätze, aber auch bei Polizeimissionen. In beiden Fällen hat die Afrikanische Union seit Mitte der 2000-er Jahre ein dichtes Netzwerk institutioneller Verknüpfungen aufgebaut, das eine engere Politikkoordination und den Ausbau der administrativen Kapazitäten der Afrikanischen Union nach sich gezogen hat. Seit 2006 treffen sich der AU PSC und der UN Security Council (UNSC) zu jährlichen Konsultationen; zum Thema Konfliktprävention und -lösung wurde eine gemeinsame Arbeitsgruppe eingerichtet; es gibt nunmehr halbjährliche Treffen auf Verwaltungsebene (*desk-to-desk meetings*); 2009 ist eine Ständige Vertretung der AU bei den Vereinten Nationen und im Jahr darauf eine Joint Task Force on Peace and Security eingerichtet worden. Ebenfalls 2010 wurde das UN Office to the African Union eröffnet. Und seit 2014 wird die Kooperation in jährlichen Joint UN-AU Frameworks for an Enhanced Partnership in Peace and Security fortgeschrieben.[13]

Die Partnerschaft zwischen der Afrikanischen Union und der Europäischen Union fußt auf der Gemeinsamen Afrika-Europa Strategie von 2007 und dem daraus abgeleiteten Aktionsplan. Institutionell beinhaltet die Partnerschaft re-

---

11 Engel, „The African Union's Peace and Security Architecture".
12 Hier und im folgenden vgl. U. Engel, „The African Union and the United Nations: Crafting international partnerships in the field of peace and security", in: T. Karbo and T. Murithi (eds.) *The African Union: Autocracy, Diplomacy and Peacebuilding in Africa.* London, New York: I.B. Tauris, 265-281 in: A. Adebajo (ed.), *The African Union: Regional and Global Challenges*, London, New York: Rowmann & Littlefield, 2017; und ders., „An emerging inter-regional peace and security partnership: The African Union and the European Union", in: S. Aris (ed.), *Networked world? Multilateral institutions in international security governance*, Abingdon: Routledge, 2018 (in print).
13 Siehe UN/AU, Joint United Nations-African Union Framework for Enhanced Partnership in Peace and Security, New York, 19 April 2017.

gelmäßige Treffen auf der Ebene von Gipfeln der Staats- und Regierungschefs, der Minister, der Kommissionen (*college-to-college*), des PSC und des EU Political and Security Committees, des EU Military Committee und des AU Military Staff Committee sowie der Joint Africa Expert Groups.

Die beiden Partnerschaften werden von der Afrikanischen Union als notwendig angesehen, um den eigenen Handlungsspielraum zu erhöhen – sie stellen eine zentrale Souveränitätsstrategie dar. Und dies, obwohl die politischen Auseinandersetzungen zwischen der Afrikanischen Union einerseits und den Vereinten Nationen bzw. der Europäischen Union andererseits anhalten, etwa über die Frage der Reform des UNSC und einer stärkeren Repräsentation afrikanischer Staaten, einschließlich des Vetorechts, Meinungsunterschiede z. B. über die NATO-Intervention 2011 in Libyen oder die internationale Politik in Mali 2013 sowie die Agenden vor allem der P3 (Frankreich, Großbritannien und die Vereinigten Staaten). Aus Sicht der Union sollten die Partnerschaften daher auf größerer afrikanischer *ownership* und Anerkennung ihrer Prioritätensetzung beruhen. Zur AU/UN-Partnerschaft wurden deshalb 2012 die Folgenden Eckpunkte formuliert: die flexible und innovative Anwendung des Prinzips der Subsidiarität, gegenseitiger Respekt und Berücksichtigung des Prinzips der komparativen Vorteile sowie die Entwicklung einer Arbeitsteilung, die sich am Prinzip der Komplementarität orientiert.[14]

Diese drei Beispiele zur Afrikanischen Union veranschaulichen nachdrücklich, wie Regionalorganisationen – in diesem Fall in Afrika – distinkte funktionale Politikarchitekturen schaffen und wie sie versuchen, sich in inter-regionalen Praktiken Souveränitätsgewinne zu verschaffen. Dabei bleiben sie als politisches Projekt stets angefochten, sei es von den eigenen Mitgliedsstaaten, den RECs oder den internationalen Partnern. Mithin verweist die Praxis der Afrikanischen Union auch deutlich auf den Aushandlungscharakter von Regionalismen und denen ihnen zu Grunde liegenden Interessen und Identitäten. Das Raumformat der Region, so legt das Beispiel nahe, kann nur im Zusammenwirken mit anderen Raumformaten wirksam werden, zugleich vergrößert es aber auch die Möglichkeiten von Nationalstaaten, Souveränität (zurück) zu gewinnen oder neu zu behaupten. Betrachten wir das Raum-ordnen auf verschiedenen Ebenen, dann wird die zentrale Rolle des Regionalismus und der aus ihm hervorgehenden Regionalorganisationen für eine kontinentale Raumordnung wie die Afrikas (und vergleichbar auch anderer Weltregionen) sichtbar. Für die Stiftung einer globalen

---

14 AUC Chairperson, *Report of the Chairperson of the Commission on the Partnership between the African Union and the United Nations on Peace and Security. Towards Greater Political Coherence.* Tabled at the 307th meeting of the AU Peace and Security Council held in Addis Ababa, Ethiopia. PSC/PR/2. (CCCVII), Addis Ababa: African Union, 9 January 2012, §§ 94–97.

Raumordnung hat das Raumformat der Region in den letzten drei Jahrzehnten offensichtlich ebenfalls an Bedeutung gewonnen – soweit, dass einige Autoren von einem fragmentierten System des *multi-level governance* und einer *global governance*-Funktion der Regionalorganisationen träumen.[15]

---

15 Siehe A. Acharya, „The Future of Global Governance: Fragmentation May Be Inevitable and Creative", *Global Governance* 22 (2016) 4, pp. 453–460.

8 Zusammenfassung

Regionalorganisationen haben einen wichtigen Stellenwert in nahezu allen Politikfeldern. An Zahl und Bedeutung haben sie nach dem Ende des Kalten Krieges zugenommen. In der akademischen Debatte über Regionalorganisationen, und den dahinterliegenden Prozessen der Regionalisierung bzw. des *region-building*, bleiben zahlreiche Herausforderungen für die wissenschaftliche Auseinandersetzung mit diesem Phänomen bestehen. Dies gilt mit Blick auf die aktive Rolle von Regionalorganisationen in gegenwärtigen Globalisierungsprozessen, die Periodisierung von Regionalismen über die vergangenen 200 Jahre sowie die methodologischen Parameter einer vergleichenden Erforschung von Regionalismen und Regionalorganisationen. Empirisch besteht nach wie vor großer Bedarf an detaillierten Fallstudien über die internen Dynamiken und Entscheidungsprozesse sowohl innerhalb von Regionalorganisationen wie auch mit Blick auf Inter-Regionalismen. Dies gilt in zahlreichen Fällen auch für die Rekonstruktion der oftmals kaum dokumentierten nationalen Interessen in Regionalorganisationen, dem Zusammenspiel von staatlichen und nicht-staatlichen Akteuren oder den Finanzierungsregimes von Regionalorganisationen.[1] Die Akteursqualität von Regionalorganisationen ist mittlerweile weitgehend unbestritten, jedoch mangelt es weiterhin an Studien, die dies empirisch breit abgesichert und Politikfeld-bezogen sowohl gegenüber den jeweiligen Mitgliedsstaaten wie auch gegenüber dem „internationalen System" und anderen Regionalorganisationen untersuchen. Und schließlich bleibt noch gewaltig Raum, um die Professionalisierung und Institutionalisierung von Regionalorganisationen im Globalen Süden, deren interne Lernprozesse sowie die kulturellen Transfers zwischen verschiedenen Regionalorganisationen zu untersuchen.

Die Darstellung der verschiedenen Debatten über Regionalorganisationen, Regionalismen und Regionen sowie die empirischen Beispiele aus der Afrikanischen Union sollten verdeutlichen, worin der analytische Mehrwert der Konzepte Raumformat und Raumordnung, wie sie in dem vorliegenden Beitrag skizziert worden sind, liegen kann. Indem in Fortsetzung eines post-strukturalistischen Raumverständnisses der Blick auf die Signifizierung von Raumimaginationen konkreter Akteure in intersubjektiven Prozessen gerichtet wird, lassen sich die verwendeten Raum-Schablonen, -Modelle, -Muster oder -Vorbilder im Detail in ihrer Historizität und Entstehung sowie in ihrem Verhältnis zu anderen, konkurrierenden Raumformaten analysieren. Raumformate sind eine Linse, durch die

---

1 Zum letztgenannten Punkt vgl. U. Engel and F. Mattheis (eds.), *Follow The Money. The Finances of Regional Security Organisations in Africa, Asia and Latin America*, Abingdon: Routledge (i.E.).

https://doi.org/10.1515/9783110587173-008

Räume von Raum-Entrepreneuren und unter Zuhilfenahme von Bedeutungsaufladungen einem bestimmten Resonanzpublikum gegenüber kommuniziert werden. Beim Ordnen von Räumen werden Vorstellungen von der „Adäquatheit", „Relevanz" und „Angemessenheit" bestimmter Raumformate verhandelt. Der Prozess der Sichtbarmachung von „gültigen" Raumformaten und der Herstellung von intersubjektiv geteilten Raumordnungen, also die Praxis des Raumordnens, ist zentral, um zu verstehen, wie „soziale Räume" konstituiert werden und wie sie sich in Vergangenheit und Gegenwart zu einander verhalten. Die „Region" bleibt dabei eines der bedeutsamsten Raumformate zum Verständnis aktueller Globalisierungsprozesse.